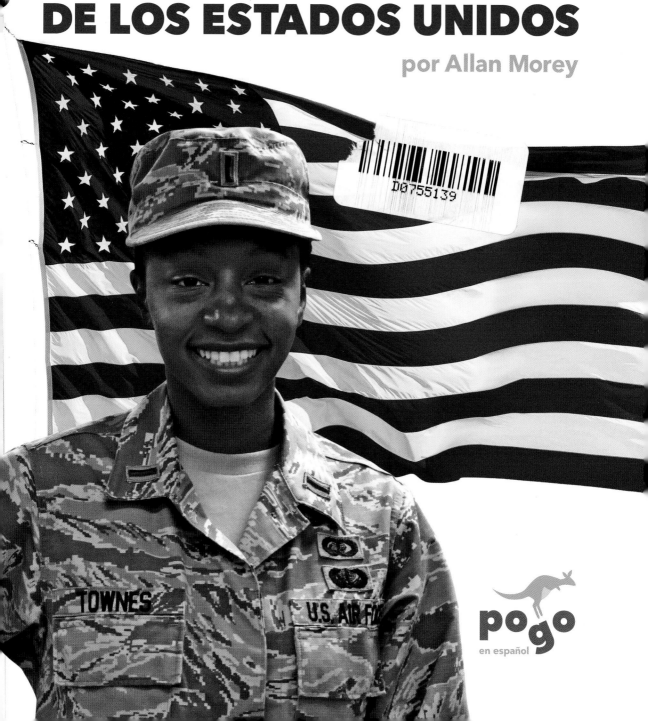

LAS FUERZAS ARMADAS DE LOS ESTADOS UNIDOS
LA GUARDIA NACIONAL DE LOS ESTADOS UNIDOS

por Allan Morey

pogo
en español

Ideas para los padres de familia y los maestros

Los Pogo Books permiten a los lectores practicar la lectura de textos informativos y los familiarizan con las características de la literatura de no ficción, como los encabezados, las etiquetas, las barras laterales, los mapas y diagramas, al igual que una tabla de contenido, un glosario y un índice. Los textos, cuidadosamente escritos para el nivel de los estudiantes, y la sólida correspondencia con una foto ofrecen a los lectores de temprana edad que leen con fluidez el apoyo necesario para tener éxito.

Antes de la lectura

- Recorra las páginas del libro indíquele al niño o a la niña las diversas características de la literatura de no ficción. Pregúntele qué propósito tiene cada característica.

- Miren el glosario juntos. Lean y conversen acerca de las palabras.

Lean el libro

- Permita que lea el libro de forma independiente.

- Pídale que haga una lista de las preguntas que le surjan a partir de la lectura.

Después de la lectura

- Hablen acerca de las preguntas que le hayan surgido y sobre cómo él o ella podría obtener las respuestas a esas preguntas.

- Motive al niño o a la niña a pensar más. Pregúntele: Antes de leer este libro, ¿sabías qué tipos de trabajos desempeñan los miembros de la Guardia Nacional de los Estados Unidos? ¿Qué más quisieras aprender acerca de la Guardia Nacional de los Estados Unidos?

Pogo Books are published by Jump!
5357 Penn Avenue South
Minneapolis, MN 55419
www.jumplibrary.com

Library of Congress Cataloging-in-Publication Data

Names: Morey, Allan, author.
Title: La Guardia Nacional de los Estados Unidos
por Allan Morey.
Other titles: U.S. National Guard. Spanish
Description: Minneapolis, MN: Jump!, Inc., 2021.
Series: Las fuerzas armadas de los Estados Unidos
Includes index.
Audience: Ages 7-10 | Audience: Grades 2-3
Identifiers: LCCN 2020015916 (print)
LCCN 2020015917 (ebook)
ISBN 9781645276272 (hardcover)
ISBN 9781645276289 (ebook)
Subjects: LCSH: United States—National Guard
Juvenile literature.
Classification: LCC UA42 .M6718 2021 (print)
LCC UA42 (ebook) | DDC 355.3/70973—dc23

Editor: Susanne Bushman
Designer: Molly Ballanger
Translator: Annette Granat

Content Consultant: Jennifer Rechtfertig, Air National Guard

Photo Credits: Scott Olson/Getty, cover; Airman 1st Class
Kevin Donaldson, 1 (foreground); turtix/Shutterstock, 1
(background); Master Sgt. Mark C. Olsen/U.S. Air Force,
3; SSG Robert Adams, 4; Staff Sgt. Daniel J. Martinez/
Air National Guard, 5; Staff Sgt. Michael Giles/U.S. Army,
6-7t; Randy Burlingame/U.S. Air National Guard, 6-7b;
Sgt. Brian Calhoun, 8-9; Staff Sgt. Michael Broughey,
10; Edwin L. Wriston/U.S. Army National Guard, 11,
20-21br; Staff Sgt. Osvaldo Equite/U.S. Army, 12-13;
SDI Productions/iStock, 14-15; Senior Airman Cody
Martin/U.S. Air National Guard, 16-17; 1st Lt. Leland
White/U.S. Army National Guard, 18; Master Sgt. David
Loeffler, 19; Staff Sgt. Balinda O'Neal Dresel/U.S. Army
National Guard, 20-21tl; Staff Sgt. Alex Baum/Wisconsin
National Guard, 20-21tr; Spc. Joseph K. VonNida/U.S.
Army National Guard, 20-21bl; Senior Julia Santiago/U.S.
Air National Guard, 23.

Printed in the United States of America at
Corporate Graphics in North Mankato, Minnesota.

TABLA DE CONTENIDO

CAPÍTULO 1

DOS GRUPOS DE GUARDIAS

Esta gente en uniforme está llenando bolsas de arena. ¿Por qué? Están construyendo un muro. Este mantendrá atrás las inundaciones. ¿Quiénes son estas personas? Son miembros de la Guardia Nacional de los Estados Unidos.

sacos de arena

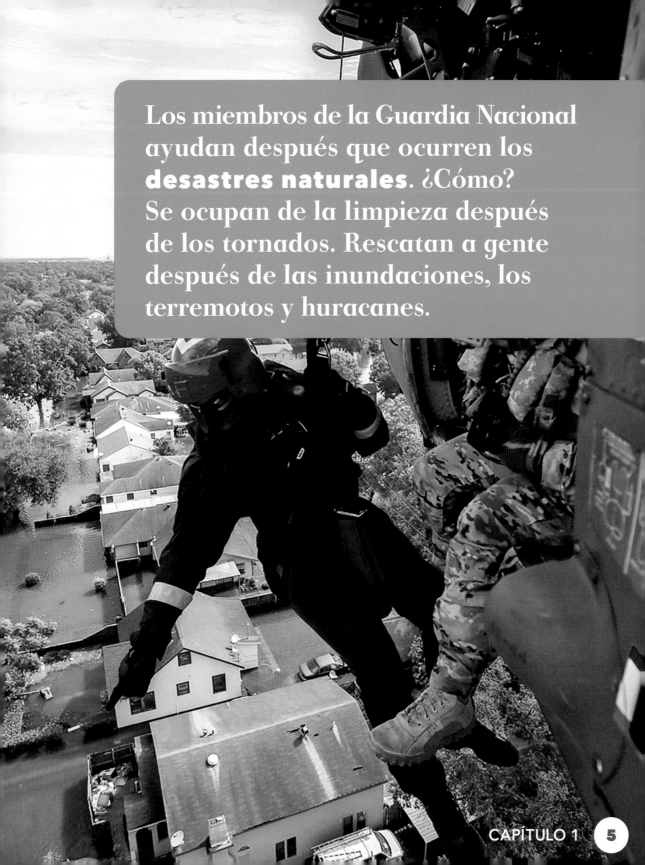

Los miembros de la Guardia Nacional ayudan después que ocurren los **desastres naturales**. ¿Cómo? Se ocupan de la limpieza después de los tornados. Rescatan a gente después de las inundaciones, los terremotos y huracanes.

miembros de la
Guardia Nacional del Ejército

miembros de la
Guardia Aérea Nacional

La Guardia Nacional de los Estados Unidos forma parte de las Fuerzas Armadas de los Estados Unidos. Está dividida en dos partes. Una es la Guardia Nacional del Ejército. La otra es la Guardia Aérea Nacional. Cada uno de los 50 estados tiene ambas. Durante los tiempos de paz, cada miembro se reporta al **gobernador** o gobernadora de su estado.

¿LO SABÍAS?

¿Quién más está al mando de la Guardia Nacional? El presidente de los Estados Unidos. Él o ella decide lo que harán las Fuerzas Armadas de los Estados Unidos durante la guerra y en emergencias nacionales.

Los miembros de la Guardia Nacional ayudan a las **ramas** de las Fuerzas Armadas de los Estados Unidos. Durante los **conflictos**, la Guardia Aérea Nacional apoya a la Fuerza Aérea de los Estados Unidos. La Guardia Nacional del Ejército ayuda al Ejército de los Estados Unidos. La Fuerza Aérea también podría ayudar a la Guardia Nacional del Ejército. ¿Cómo? Ellos pueden **transportar** tanques.

tanque ·····▶

¡ECHA UN VISTAZO!

Compara la cantidad de miembros en cada rama.
¿Cuál es la que más tiene? ¿Cuál es la que menos tiene?

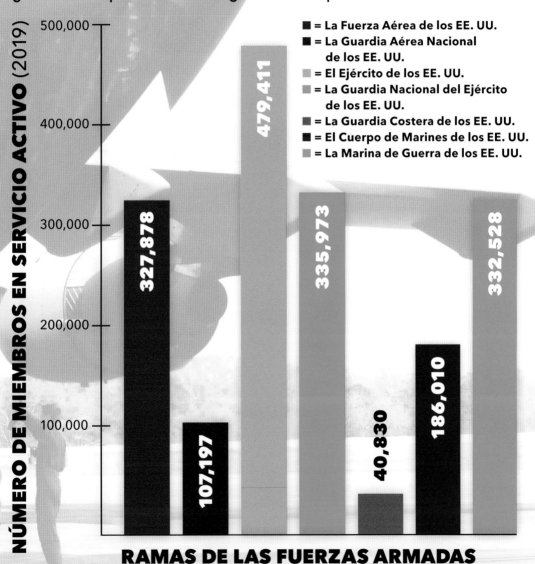

NÚMERO DE MIEMBROS EN SERVICIO ACTIVO (2019)

- ■ = La Fuerza Aérea de los EE. UU.
- ■ = La Guardia Aérea Nacional de los EE. UU.
- □ = El Ejército de los EE. UU.
- ■ = La Guardia Nacional del Ejército de los EE. UU.
- ■ = La Guardia Costera de los EE. UU.
- ■ = El Cuerpo de Marines de los EE. UU.
- ■ = La Marina de Guerra de los EE. UU.

500,000
400,000
300,000
200,000
100,000

327,878
107,197
479,411
335,973
40,830
186,010
332,528

RAMAS DE LAS FUERZAS ARMADAS

CAPÍTULO 2

ENTRENAMIENTO Y TRABAJOS

Los **reclutas** asisten al entrenamiento básico. Deben pasar pruebas físicas.

También deben pasar por un entrenamiento de sus habilidades. ¿Como cuáles? Aprenden a disparar armas de fuego.

Algunos miembros de la Guardia Nacional del Ejército se entrenan para ser Boinas Verdes. Esta es una **fuerza especial**. Los Boinas Verdes son **desplegados** una vez cada dos a tres años. Pueden entrenar a otros ejércitos de otros países. O pueden buscar **terroristas**.

¿QUÉ OPINAS?

Los Boinas Verdes de la Guardia Nacional son desplegados por una duración de hasta 15 meses. Están lejos de sus amigos y su familia. ¿Cómo crees que se sentiría esto?

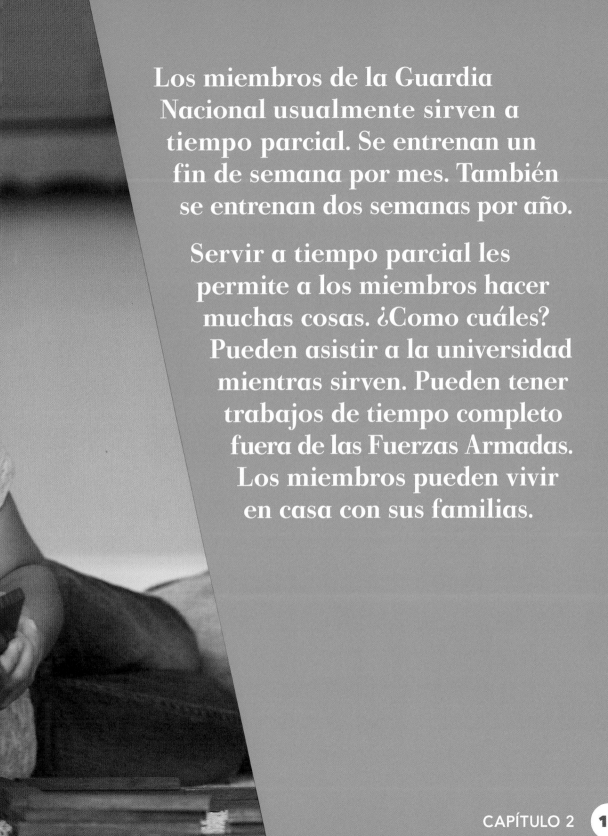

Los miembros de la Guardia Nacional usualmente sirven a tiempo parcial. Se entrenan un fin de semana por mes. También se entrenan dos semanas por año.

Servir a tiempo parcial les permite a los miembros hacer muchas cosas. ¿Como cuáles? Pueden asistir a la universidad mientras sirven. Pueden tener trabajos de tiempo completo fuera de las Fuerzas Armadas. Los miembros pueden vivir en casa con sus familias.

¿Cuáles trabajos militares pueden hacer los miembros de la Guardia Nacional? Algunos se entrenan para reparar vehículos. Algunos trabajan con computadoras. Otros aprenden a **pronosticar** el estado del tiempo. Esta información puede ser útil durante las **misiones**.

¿QUÉ OPINAS?

¿Cuál trabajo te gustaría tener si te unieras a las Fuerzas Armadas? ¿Por qué?

Flash Flood

CAPÍTULO 3

LAS MISIONES DE LA GUARDIA NACIONAL

La Guardia Nacional lleva a cabo diferentes misiones. En el 2003, los Estados Unidos entraron en la Guerra de Iraq (2003–2011). Los miembros de la Guardia Nacional del Ejército sirvieron en el **combate**.

Los miembros de la Guardia Nacional actúan rápido durante emergencias. ¿Cómo? Durante los fuegos forestales, pilotean helicópteros. Dejan caer agua sobre los incendios.

La Guardia Nacional tiene un papel importante en las Fuerzas Armadas de los Estados Unidos. Los miembros protegen al estado y a su país. Usan varios diferentes vehículos para rescatar a gente alrededor del mundo. ¿Te gustaría unirte a la Guardia Nacional?

bote inflable

vehículo con capacidad de vadeo

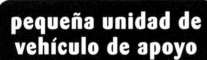

pequeña unidad de vehículo de apoyo

helicóptero UH-60M Blackhawk

DATOS BREVES & OTRAS CURIOSIDADES

CRONOLOGÍA

1636
La colonia de Massachusetts organiza una milicia. Estos hombres se convierten en los primeros miembros de lo que algún día sería la Guardia Nacional del Ejército.

1775
El Ejército Continental se forma durante la Guerra de la Independencia (1775-1783).

1903
La Ley de la Milicia de 1903 crea las reglas de la actual Guardia Nacional del Ejército.

1921
El Ejército de los EE. UU. establece como la primera unidad voladora de la Guardia Nacional a lo que hoy se conoce como el Escuadrón Airlift 109.

1947
La Fuerza Aérea se separa del Ejército. Se forma la Guardia Aérea Nacional.

LA MISIÓN DE LA GUARDIA NACIONAL DE LOS EE. UU.

La misión federal de la Guardia Nacional de los Estados Unidos es mantener unidades bien entrenadas y capacitadas para una rápida movilización para la guerra, las emergencias nacionales o para lo que se necesite. La misión estatal de la Guardia Aérea Nacional es brindar una protección de vida y de propiedad para preservar la paz, el orden y la seguridad pública.

La misión estatal de la Guardia Nacional del Ejército es responder a los incendios producidos por los combates, ayudar a las comunidades a lidiar con inundaciones, tornados, huracanes, tormentas de nieve y otras situaciones de emergencia, y estar preparados para responder en tiempos de disturbios civiles.

LOS MIEMBROS DE LA GUARDIA AÉREA NACIONAL DE LOS EE. UU.:
Alrededor de 107,000 (en el 2019)

LOS MIEMBROS DE LA GUARDIA NACIONAL DEL EJÉRCITO DE LOS EE. UU.:
Alrededor de 335,000 (en el 2019)

combate: Pelea.

conflictos: Guerras u otras peleas.

desastres naturales: Eventos en la naturaleza, tales como huracanes, terremotos e inundaciones, que ocasionan mucho daño.

desplegados: Enviados a la acción.

fuerza especial: Un grupo militar especializado, que está entrenado para realizar tareas particulares.

gobernador: El oficial electo de más rango de un estado de los EE. UU.

misiones: Tareas o trabajos.

pronosticar: Predecir.

ramas: Los grupos de las Fuerzas Armadas de los Estados Unidos, incluyendo la Fuerza Aérea de los EE. UU., el Ejército de los EE. UU., la Guardia Costera de los EE. UU., el Cuerpo de Marines de los EE. UU., y la Marina de Guerra de los E.E. U.U.

reclutas: Los nuevos miembros de una fuerza armada.

terroristas: Gente que usa la violencia y las amenazas para asustar a la gente, obtener poder o forzar a los gobiernos a que hagan cosas.

transportar: Llevar de lugar en lugar.

ÍNDICE

PARA APRENDER MÁS

Aprender más es tan fácil como contar de 1 a 3.

❶ Visita www.factsurfer.com

❷ Escribe "LaGuardiaNacionaldelosEstadosUnidos" en la caja de búsqueda.

❸ Elige tu libro para ver una lista de sitios web.

FACT SURFER